BEI GRIN MACHT SICH IHR WISSEN BEZAHLT

- Wir veröffentlichen Ihre Hausarbeit, Bachelor- und Masterarbeit

- Ihr eigenes eBook und Buch - weltweit in allen wichtigen Shops

- Verdienen Sie an jedem Verkauf

Jetzt bei www.GRIN.com hochladen und kostenlos publizieren

Fabian Prilasnig

Aquincum. Das römische Militärlager

GRIN Verlag

Bibliografische Information der Deutschen Nationalbibliothek:

Die Deutsche Bibliothek verzeichnet diese Publikation in der Deutschen Nationalbibliografie; detaillierte bibliografische Daten sind im Internet über http://dnb.d-nb.de/ abrufbar.

Dieses Werk sowie alle darin enthaltenen einzelnen Beiträge und Abbildungen sind urheberrechtlich geschützt. Jede Verwertung, die nicht ausdrücklich vom Urheberrechtsschutz zugelassen ist, bedarf der vorherigen Zustimmung des Verlages. Das gilt insbesondere für Vervielfältigungen, Bearbeitungen, Übersetzungen, Mikroverfilmungen, Auswertungen durch Datenbanken und für die Einspeicherung und Verarbeitung in elektronische Systeme. Alle Rechte, auch die des auszugsweisen Nachdrucks, der fotomechanischen Wiedergabe (einschließlich Mikrokopie) sowie der Auswertung durch Datenbanken oder ähnliche Einrichtungen, vorbehalten.

Impressum:

Copyright © 2013 GRIN Verlag GmbH
Druck und Bindung: Books on Demand GmbH, Norderstedt Germany
ISBN: 978-3-656-56892-6

Dieses Buch bei GRIN:

http://www.grin.com/de/e-book/266711/aquincum-das-roemische-militaerlager

GRIN - Your knowledge has value

Der GRIN Verlag publiziert seit 1998 wissenschaftliche Arbeiten von Studenten, Hochschullehrern und anderen Akademikern als eBook und gedrucktes Buch. Die Verlagswebsite www.grin.com ist die ideale Plattform zur Veröffentlichung von Hausarbeiten, Abschlussarbeiten, wissenschaftlichen Aufsätzen, Dissertationen und Fachbüchern.

Besuchen Sie uns im Internet:

http://www.grin.com/

http://www.facebook.com/grincom

http://www.twitter.com/grin_com

Aquincum – Das römische Militärlager

Einleitung

Das heutige Budapest hat eine bedeutende römische Vergangenheit. Das Stadtgebiet am rechten Donauufer gehörte Jahrhunderte lang zum Römischen Reich, am linken Donauufer lagen verschiedene befestigte Brückenköpfe und kleinere Militärlager zur Grenzsicherung. Aquincum war Sitz des Statthalters der Provinz Unterpannonien (*Pannonia inferior*) und Standort einer Legion, dessen Bedeutung ein halbes Jahrtausend hindurch unmittelbar von seiner Lage am römischen *Limes* (Grenze des *Imperium Romanum*) abhing. Vom Rhein bis ins Donauknie standen dem Römischen Reich an den jenseitigen Flussufern insbesondere germanische Stämme mit unterschiedlichen Dialekten gegenüber, deren Kampfstil und diplomatische Gewandtheit identisch waren. Daher gab es überall in den Statthalterämtern in den Vororten der Rhein- und Donauprovinzen germanische Dolmetscher, so auch in Aquincum. In der Tiefebene Pannoniens lebten sowohl in den sumpfigen Gebieten als auch auf den saftigen Weiden immer irgendwelche Reiternomaden.

Weil Aquincum südlich vom Donauknie an der Grenze der erste geeignete Punkt unterhalb von felsigen Uferabschnitten war, an dem man die Donau überqueren konnte, diente es in erster Linie dem Grenzschutz und war militärisches Zentrum sowie ständiger Standort einer Legion ab dem Ende des ersten Jahrhunderts, was das Leben der Siedlung entscheidend geprägt hat. Aufgrund der verkehrstechnisch günstigen Lage (Flussübergänge und zusammenlaufende Straßen) galt Aquincum an diesem mehrere hundert Kilometer langen Abschnitt der Donau als der wichtigste Warenumschlagplatz, wobei sich der Handel nicht allein nach den Bedürfnissen der Bevölkerung von Aquincum und dessen Hinterland richtete, sondern auch die östlich der Provinz lebenden Reitervölker bezogen hier die von ihnen benötigten Waren.

Aquincum bestand nicht nur aus der Zivilstadt, sondern umfasste ein wesentlich größeres Gebiet, wobei der Rechtsstatus der einzelnen römerzeitlichen Siedlungen unterschiedlich war. So unterstanden das Militärlager und die Militärstadt (*canabae legionis*) sowie die Dörfer bei den Auxiliarlagern (*vicus militares*) der militärischen, die Zivilstadt dagegen der zivilen Verwaltung. Die Einwohnerzahl von Aquincum, einschließlich der Bevölkerung der umliegenden Güter und Dörfer, die für den täglichen Bedarf der Stadtbewohner zu sorgen hatten, wird etwa auf 50 bis 60 Tausend geschätzt, und die römische Rechtspraxis sowie die effektive Verwaltung sicherten der Bevölkerung für lange Zeit ein friedliches Zusammenleben und einen relativ hohen Lebensstandard.[1]

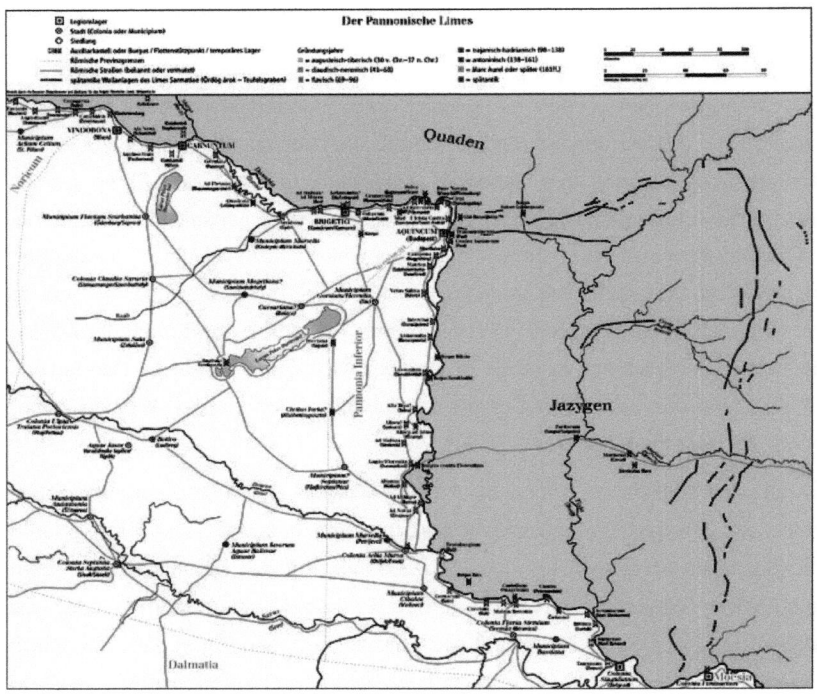

Abbildung 1: Die Lage von Aquincum am Donaulimes Pannoniens[2]

Das Legionslager

Aquincum war in erster Linie eine Grenzstadt, die von Beginn an aus drei Siedlungsteilen mit unterschiedlichen Rechtsstatus bestand. „Die Siedlung der

---

[1] Vgl. Póczy, Aquincum, S. 7-14.

[2] Siehe http://de.wikipedia.org/wiki/Aquincum (Zugriff: 22.12.2013)

einheimischen Bevölkerung befand sich auf den Gellértberg. Die Bürger lebten in der Zivilstadt, dem Municipium (...), und etwa drei Kilometer südlich von diesem Stadtteil, am Donauufer, lag das von der Militärsiedlung umschloßene Legionslager."[3] Die Militärsiedlung war ohne Bauplan entstanden und zog sich entlang der größeren Straßen bis hinauf an den Hang der Hügel, wo sich die Villen, Gärten und Obstpflanzungen befanden. Sie wurde im Laufe der Zeit immer stärker ausgebaut, hier residierte der Statthalter und auch die Amtsräume der Provinzialverwaltung befanden sich hier, sodass die wesentlichen Unterschiede zwischen den beiden Stadtteilen verschwanden. So bestätigen die neuen Ausgrabungen, dass die Militärsiedlung sogar schon im dritten Jahrhundert großzügiger wirkte als die Zivilstadt.[4] „Die ausgeprägteste Form des römischen Städtebaus wäre auch in A. [Aquincum] das Militärlager, welches als eine Dauersiedlung für die Besatzung errichtet wurde. Aber die Verbauung des Hauptlagers im Mittelalter und in der Neuzeit verhindert die genaue Feststellung der Begrenzung des Lagers, die Erschließung seiner Tore und Schutzmauern."[5]

Im Jahre 89 n.Chr., unter Kaiser Domitian, wurde ein zur Unterbringung einer Legion geeignetes Militärlager errichtet, von wo aus knappe 400 Jahre lang die im nordöstlichen Abschnitt der Provinz stationierten Truppen befehligt wurden. Seit dem Beginn des zweiten Jahrhunderts bis zum Ende des vierten Jahrhunderts war hier die Legion *legio II. adiutrix* stationiert, die zu den Eliteeinheiten zählte. So besaßen die Soldaten das römische Bürgerrecht, die Offiziere waren sehr gut ausgebildet und es dienten Juristen, Mediziner, Ingenieure und Techniker aller Art im Militär. Zu den Aufgaben der Legion zählten nicht nur der Grenzschutz und die Kriegsführung, sondern auch die Romanisierung der einheimischen Bevölkerung, also sie in die Einheit des Reichs zu fügen und somit Sprache, Kultur, Verwaltung, Handel sowie die Götterwelt mehr oder weniger zu vereinheitlichen. Das Zeichen der *legio II. adiutrix* war das Flügelpferd (Pegasus), und den Feiertag des Pegasus beging die Legion jährlich mit Aufmarsch, Musik und Paraden.

---

[3] Póczy, Aquincum, S. 39.

[4] Vgl. ebd., S. 39f.

[5] Szilágyi, RE Suppl. XI, Sp. 82.

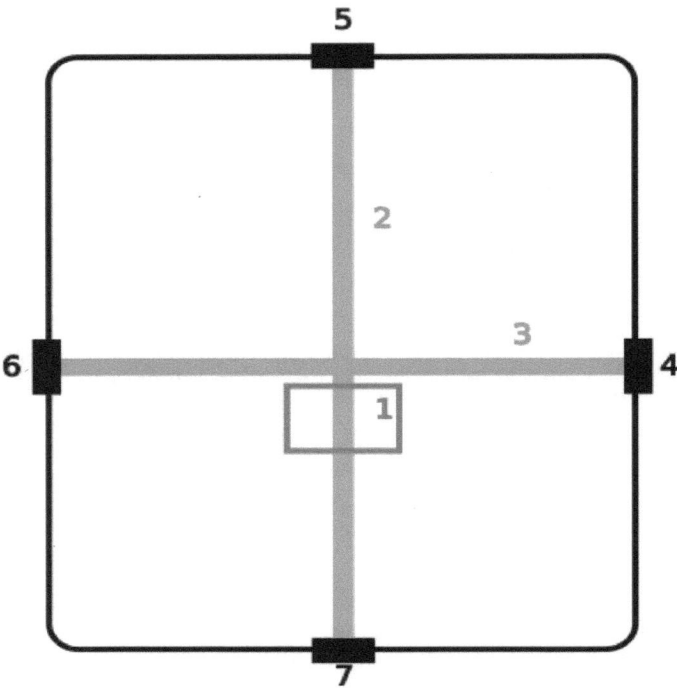

Abbildung 2: Modell eines römischen Kastells (*castrum*) – 1) Principia, 2) Via Praetoria (Decumanus), 3) Via Principalis (Cardo), 4) Porta Principalis Dextra (rechtes Tor), 5) Porta Praetoria (Haupttor), 6) Porta Principalis Sinistra (linkes Tor), 7) Porta Decumana (Hintertor); von hier bis zur Via Principalis verläuft die Via Decumana.[6]

Das Legionslager (*castrum*) hatte eine Wehrmauer, an deren Innenseite Türme standen, und außen verlief ein doppelter Spitzgraben um die Lagermauer, der zu Beginn des vierten Jahrhunderts um einen dritten, viel breiteren Graben erweitert wurde. Außerdem begleitete den Verteidigungsgürtel sowohl an der Außenseite als auch an der Innenseite eine Straße. Die beiden freigelegten Lagertore zeigen zwei verschiedene Varianten: das Südtor mit seinen beiden viereckigen Türmen und drei Durchgängen stammt vom Anfang des zweiten Jahrhunderts, das zur Donau

---

[6] Siehe http://de.wikipedia.org/wiki/Römische_Militärlager#Legionslager (Zugriff: 22.12.2013)

gerichtete Osttor wurde im dritten Jahrhundert vollständig umgebaut und umfasst zwei achteckige Türme mit drei Durchgängen.[7]

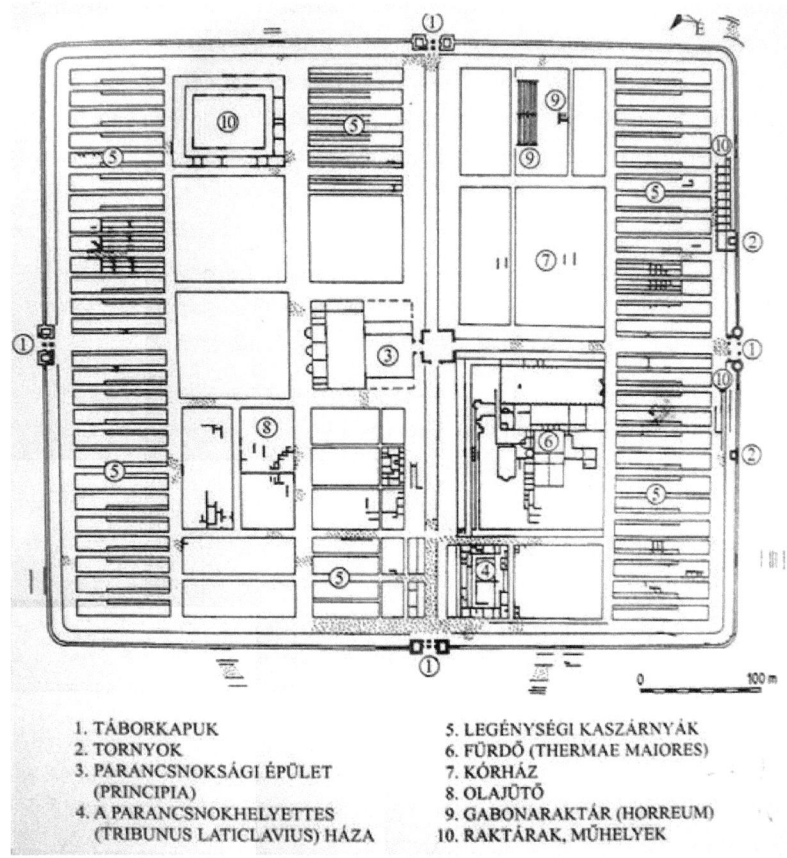

1. TÁBORKAPUK
2. TORNYOK
3. PARANCSNOKSÁGI ÉPÜLET (PRINCIPIA)
4. A PARANCSNOKHELYETTES (TRIBUNUS LATICLAVIUS) HÁZA
5. LEGÉNYSÉGI KASZÁRNYÁK
6. FÜRDŐ (THERMAE MAIORES)
7. KÓRHÁZ
8. OLAJÜTŐ
9. GABONARAKTÁR (HORREUM)
10. RAKTÁRAK, MŰHELYEK

Abbildung 3: Rekonstruktion des Legionslagers von Aquincum[8]

„Die Legionslager wurden im ganzen Reich nach vergleichsweise einheitlichen Plänen erbaut, die den geographischen Gegebenheiten und der aktuellen Strategie angepaßt wurden. Nach der Anlage des Lagers richteten sich dann vor allem die

---

[7] Vgl. Póczy, Aquincum, S. 42f.

[8] Siehe http://it.wikipedia.org/wiki/Aquincum (Zugriff: 28.12.2013)

Versorgungswerke: die Fließwasserleitung und Abwasserkanalisation."[9] Zu dieser Zeit wurden auch an der Prätorialfront (Front des Haupttors *porta praetoria*) verschiedene bauliche Maßnahmen getroffen wie z.B. die Renovierung des großen Militärbades sowie die Errichtung zweier Getreidespeicher. Außerdem wurde ein neues Waffenlager an der Ostmauer eingerichtet, jedoch entwickelte sich die Strategie der römischen Armee sehr schnell weiter. Im vierten Jahrhundert war es aufgrund der neuen Kriegstechnik notwendig, ein neues Lager zu errichten, da die früheren Umbauten und Verstärkungen keinen ausreichenden Schutz mehr boten. Das neue Lager war eine wahre Festung mit drei Meter dicken und acht Meter hohen Mauern, wobei die Errichtung unter Kaiser Konstantin d. Großen im Rahmen des sog. Daphne-Plans erfolgte. „Dessen Ziel war es mit unzähligen kleineren und größeren Kastellen die Donaugrenze bis zum Schwarzen Meer zu verstärken, nachdem im Jahre 271 n.Chr. die Provinz Dakien aufgegeben wurde."[10]

Neben dem großen Militärbad gab es auch ein Spital im Legionslager, in welchem Ärzte tätig waren, die laut Inschriften in Hochschulen in Antiochia oder Alexandria studiert hatten, und an ihre Heilkunst erinnern einige Votivreliefs und Altäre sowie Überreste von mehreren ärztlichen Bronzeinstrumenten. Des Weiteren lässt sich aus Funden schließen, dass die höheren Offiziere ihre Wohnungen innerhalb der Kaserne gern mit Fresken auch im Eingangsbereich dekorieren haben lassen. „Den wertvollsten Fund in diesem Bereich stellt das gemalte Bild rings um einen Mithras-Altar im Haus der *tribuni laticlavi*, d.h. im Gebäude der jungen Offiziere dar, die Stellvertreter des Oberkommandanten waren. (…) In diesem Gebäude lag ein Mithras-Heiligtum."[11] Im Zuge der Christianisierung wurden auch die Götter der heidnischen Religionen verfolgt, und als das neue befestigte Lager erbaut wurde, vermauerte man vor dem Abriss des Heiligtums die Altäre, die dort standen.

Das Zentrum des Legionslagers, an der Kreuzung der die vier Lagertore miteinander verbindenden in Nord-Süd-Richtung verlaufenden Hauptachse (*cardo maximus*) und in Ost-West-Richtung verlaufenden Achse (*decumanus maximus*), bildete das Lagerforum mit dem Gebäude des Oberkommandanten (*principia*), vor dessen

---

[9] Póczy, Aquincum, S. 42.

[10] Ebd., S. 45.

[11] Ebd., S. 46.

Haupteingang am Ende des dritten Jahrhunderts ein Bogen mit einem Turm und vier Durchgängen (*tetrapylon*) errichtet wurde. In den Höfen befanden sich die Büro- und Versammlungsräume des Lagerstabes, von wo man das Lagerheiligtum betreten konnte, in dem Götterstandbilder, Feldzeichen, offizielle Standarten und Auszeichnungen der Legion sowie erbeutete Fahnen untergebracht waren. An zwei Seiten des Hofes der *principia* lagen die Büros verschiedener Offiziersverbände und der Stabsoffiziere mit Sonderrang und im Keller wurden die Gelder für die Bezahlung der Soldaten sicher aufbewahrt. Der römische Statthalter hat sich Jahrhunderte lang in der Residenz des Oberkommandanten aufgehalten und auch so mancher römische Kaiser weilte für einige Zeit hier, wenn er sich auf seiner Inspektionsreise entlang der Donau befand. Vom Gebäude des Oberkommandanten blieben nur drei Mauerreste des den Haupteingang der Residenz schmückenden Bogens, des sog. Tetrapylons, erhalten.[12]

Die innere Ordnung des Legionslagers wurde durch Vorschriften geregelt; so wurden die Einheiten der Legion an jedem Stationierungsort immer an derselben Stelle untergebracht, sodass in Momenten des schnellen Handelns kein Durcheinander entstand. In den an der nordsüdlichen Hauptstraße gelegenen Gebäuden des Lagers hatten die Reiterverbände ihre Unterkünfte, da sie bei Alarm als erste die Tore zu erreichen hatten. Die Kasernen der zehn Kohorten (eine Kohorte bestand aus etwa 500 Soldaten, wobei die erste doppelte Truppenstärke aufwies) waren nach ihrer Wichtigkeit angeordnet, so war z.B. der Befehlshaber der ersten Kohorte (*cohors I.*) gleichzeitig der erste Stellvertreter des Oberkommandanten des Lagers. Daher waren die Kasernen der *cohors I.* der Residenz des Oberkommandanten benachbart und sie wurden von der *via principalis dextra*, dem rechtsseitigen Hauptweg betreten. Sie verfügte auch über eigene Getreidebestände, während sonst jeweils zwei Kohorten gemeinsam einen Kornspeicher (*horreum*) benutzten. Da die einzelnen Militärverbände bis zu einem gewissen Grad Selbstversorger waren, gab es im Hof jeder Kaserne einen Brunnen, einen Mahlplatz und einen Backofen. Das Hauptgebäude jeder Kaserne lag an der Straße, in dem sich das Büro, die Unterkunft des Kommandanten und ein kleines Waffendepot befanden. An zwei Seiten des Innenhofes hinter dem Hauptgebäude waren die Schlafräume der Soldaten

---

[12] Vgl. Póczy, Aquincum, S. 47f.

untergebracht, die lediglich nach der den Hof begrenzenden Säulengalerie offene Zellen waren.[13]

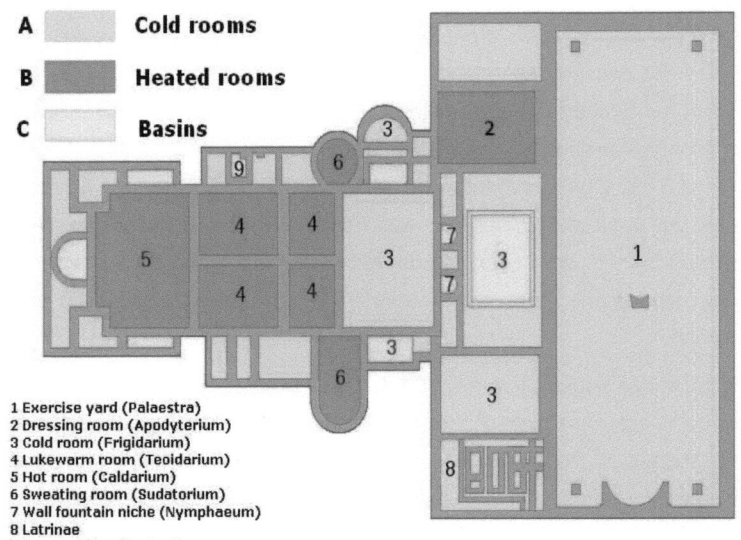

Abbildung 4: Rekonstruktionszeichnung des Militärbades (*thermae maiores*)[14]

Gegenüber dem Lagerforum, an der Kreuzung der beiden Hauptstraßen *via principalis (cardo)* und *via praetoria (decumanus)*, lag das Militärbad (*balineum*), dessen Haupteingang sich an der Nordseite befand, die von der *via praetoria*, also der zur Donau führenden Hauptstraße, flankiert war. Zum Bad gehörten eine Reihe von Räumen mit Becken für warmes (*caldarium*), lauwarmes (*tepidarium*) und kaltes Wasser (*frigidarium*) sowie eine Einrichtung zur Fußbodenheizung (*hypocaustum*). Dem Badebereich schlossen sich Säulenhallen an und es gab auch ins Freie gehende Räumlichkeiten. Diese Therme mit ihrer reichen Verzierung an Fußbodenmosaiken und Baudekorationen wurde an der Wende vom ersten zum zweiten Jahrhundert erbaut, und konnte nach mehreren Umbauten auch noch am

---

[13] Vgl. Póczy, Aquincum, S. 49f.

[14] Siehe http://net-guide.hu/hu/budapest_obuda (Zugriff: 28.12.2013)

Ende des fünften Jahrhunderts genutzt werden. Im Jahre 1778 errichtete man einen Schutzbau über die Ruinen des Militärbades und konnte dadurch die Mauern vor weiterem Verfall bewahren sowie die Besichtigung des antiken Bodenheizungssystems ermöglichen.[15]

Zwischen dem zweiten und Anfang des vierten Jahrhunderts wurden die Wehranlagen des Legionslagers mehrfach den strategischen Anforderungen entsprechend angepasst. Gegen Mitte des vierten Jahrhunderts waren sie nicht mehr zur Verteidigung gegen einen offensiven Kampfstil geeignet und daher wurde die dem Donauufer zugewandte Seite des Kastells stärker befestigt. „Zwischen dem bestehenden *castrum* und der Donau wurde ein Rechteck eingefriedet, dessen ostwestliche Mittelachse sich in etwa mit der des Legionslagers gedeckt haben dürfte. Im Norden und Süden allerdings kam das neugewonnene Gebiet, abweichend von der älteren Kastellmauer, auf eine Länge von 760 m [Meter]. (…) In der Regel erhoben sich alle 30 m [Meter] über den Wehrmauern hervorspringende Außentürme mit hufeisenförmigem Grundriß. Auf der Nord- und Südseite begleiteten die Kastellmauern Wassergräben, die Türme an der Südseite verbanden gewölbte Mauerabschnitte; diese bauliche Lösung kann als Vorläufer der mittelalterlichen Zwingersysteme gelten."[16] Zu Beginn des fünften Jahrhunderts wurden entlang der Lagermauern umfangreiche Renovierungsmaßnahmen gesetzt, jedoch wurde gleichzeitig das Legionslager verkleinert, wobei etwa zwei Drittel des Südteils durchgehend bis ins 14. Jahrhundert benutzt und bewohnt wurde.

Die Militärstadt

Unter dem Schutz des Militärlagers entstand anfänglich westlich davon eine Barackensiedlung (*canabae*), deren Holzbaracken ab dem zweiten Jahrhundert, als die römische Legion *legio II. adiutrix* für dauernd hier stationiert wurde, durch solide Wohnhäuser mit Steinmauern ersetzt wurden, und somit begann sie allmählich städtischen Charakter aufzuweisen.[17] Die Familien der Soldaten sowie Handwerker und Kaufleute wohnten in dieser Siedlung um das Legionslager herum, die sich im

---

[15] Vgl. Póczy, Aquincum, S. 50f.

[16] , Ebd,. S. 52f.

[17] Vgl. Szilágyi, RE Suppl. XI, Sp. 84.

Laufe der Zeit zu einer Stadt entwickelte. „ Im südwestlichen Gebiet befanden sich die Industrieviertel der Armee, im Norden lag ein heiliger Bezirk und im Ostteil der Siedlung, am Ufer der Donau wurde der Hafen gebaut. Noch weiter im Süden, an der Stadtgrenze stand das Amphitheater, das der Legion auch als Exerzierplatz diente."[18]

In der Militärstadt (*canabae legionis*) befand sich auch der Statthalterpalast, und die Bebauung durch öffentliche Einrichtungen und Ämter bot einen imposanten Anblick des Stadtbildes. Der Statthalterpalast erhob sich nördlich des Legionslagers auf einer Donauinsel, der Anfang des zweiten Jahrhunderts erbaut worden ist, und war durch eine Brücke mit der Militärsiedlung verbunden. Das Hauptgebäude war auf allen Seiten durch Steineinfriedungen geschützt, wobei die östliche Hauptfront des Gebäudes auf eine der inneren Inselbuchten ging, wo sich auch ein hauseigener Schiffsanlegeplatz befand. Das offizielle Heiligtum (*fanum*) wurde im Südtrakt des Palastes eingerichtet und rings herum im Quadrat standen Steinaltäre, die durch ihre Inschriften eine fast vollständige Liste der hier residierenden Statthalter von Kaiser Hadrian bis Ende des dritten Jahrhunderts lieferten. Demnach musste jeder kaiserliche Legat bei seinem Amtsantritt ein Gelübde für das Wohl des Kaisers und für die Huldigung an den Hauptgott Jupiter (*Iuppiter optimus maximus*) ablegen. Ein Palastflügel diente zu privaten Zwecken, während der zentrale Teil für repräsentative Empfänge und Audienzen eingerichtet war. Außerdem dürfte sowohl die Leibgarde als auch die zahlreiche Dienerschaft in einem Trakt des Palastes gewohnt haben.[19] Gegen Ende des dritten Jahrhunderts war der Statthalterpalast verwaist, wofür möglicherweise ein größeres Hochwasser die Ursache war. In der Spätkaiserzeit bewohnten daher die Kaiser bei ihren Inspektionsreisen vermutlich ein größeres Gebäude mit Bad hinter dem Legionslager. Im nördlichen Teil der Militärstadt erstreckte sich das an den Sitz des Statthalters grenzende Viertel mit luxuriös eingerichteten Gebäuden, wo vor allem hochrangige Beamte gewohnt haben dürften.

Im Mittelpunkt dieses Viertels stand die sog. Hercules-Villa, die über einen *porticus* und in einer Räumlichkeit über einen den betrunkenen Hercules darstellenden Mosaikfußboden verfügte, während die Fußböden mehrerer anderer Räume geometrische Muster zeigten. „ Die Wände waren reich bemalt, wenngleich sich die

---

[18] Póczy, Aquincum, S. 54.

[19] Vgl. ebd., S. 54ff.

Fresken nicht vollständig rekonstruieren lassen. Dennoch vermitteln die Blumenmuster an Tür- und Fensterrahmen (...) einen ungefähren Eindruck vom einstigen Reichtum des stark verfallenden Gebäudes." Nahezu unbeschädigt blieb der Mosaikfußboden des Baderaumes mit der Darstellung von zwei Faustkämpfern."[20] Aufgrund der Stilmerkmale der Mosaike und Wandmalereien lässt sich schließen, dass dieses Gebäude von der Mitte des zweiten bis zur ersten Hälfte des dritten Jahrhunderts errichtet worden sein dürfte, wobei die Wandbemalungen vermutlich in der ersten Hälfte des vierten Jahrhunderts nochmals renoviert worden sind.

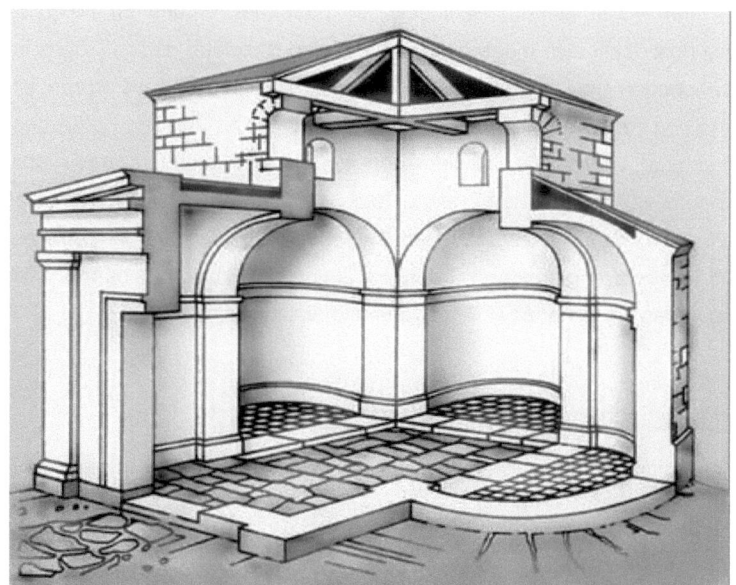

Abbildung 5: Rekonstruktion der Hercules-Villa[21]

Im letzten Drittel des vierten Jahrhunderts wurden die Wohnbauten der Militärstadt schließlich durch die zahlreichen Überfälle fremder Stämme verwüstet und ihre Bewohner kehrten nie mehr zurück. Daher war das Militärlager zu Beginn des fünften

---

[20] Póczy, Aquincum,, S. 60f.

[21] Siehe http://net-guide.hu/hu/budapest_obuda (Zugriff: 28.12.2013)

Jahrhunderts überall von Friedhöfen umgeben. „In Stein-, Ziegel- und Holzsärgen oder einfach in Bastmatten gewickelt begrub man die Toten zwischen den Ruinen der verlassenen Gebäude."[22] So standen zwischen den Grabstellen am Ende des vierten Jahrhunderts mehrere frühchristliche Friedhofskapellen wie z.B. eine Dreikonchenkapelle mit dem Grundriss eines dreiblättrigen Kleeblattes (*cella trichora*). An der südlich des Legionslagers gelegenen Straße stand eine Herberge, in der sich ein Wannenbad mit Räumen für Warm- und Kaltwasserbäder sowie eine Gaststätte befand, da viele Reste von zerbrochenen Speiseservices, Weinamphoren, Vorratsgefäße, Glasbechern und Tafelkeramik gefunden worden sind. Aufgrund eines Wandgemäldes, auf dem eine Jagdszene mit einem Bogenschützen, vor dem Panther, Tiger und Vögel fliehen, dargestellt war, die der berühmten Mithras-Jagdszene entspricht, lässt sich möglicherweise auf eine Kultstätte dieses Gottes in der näheren Umgebung des Legionslagers schließen. Dieses Gebäude wurde im Laufe der römischen Kaiserzeit mehrmals renoviert und in der zweiten Hälfte des vierten Jahrhunderts verfiel der Badetrakt endgültig, sodass nur mehr die Wohnräume benutzt wurden. Im Laufe des fünften Jahrhunderts kam es dann auch hier zu Bestattungen, da bei Ausgrabungen zwischen den Mauern Sarkophage, Ziegelgräber und Holzsärge gefunden wurden. Im Süden der Militärstadt befand sich das Amphitheater, das die *canabae* in diese Richtung abschloss.[23]

Aktuelle topographische und siedlungshistorische Forschungen

Das Gebiet von Aquincum, eine der römerzeitlichen Städte Pannoniens, in denen die Forschung am frühesten einsetzte, ist auch gegenwärtig für die provinzialrömische Archäologie Ungarns sehr bedeutend, da hier die meisten neuen Resultate zutage kommen. Die erste große Epoche der Aquincumforschung dauerte von der zweiten Hälfte des 19. Jahrhunderts bis zum Zweiten Weltkrieg, im Laufe derer sich die topographischen Konturen der Stadt abzuzeichnen begannen. Die zweite große Epoche war der Zeitraum von 1969 bis 1999, in der es mit der Freilegung des Alenkastells, des Legionslagers, der spätrömischen Festung sowie mit der Bestimmung der Umrisse der Militärstadt gelang, die früheren topographischen

---

[22] Póczy, Aquincum, S. 61.

[23] Vgl. ebd., S. 61-64.

Unzulänglichkeiten zu beseitigen.[24] „Den Ausgangspunkt bei der Zusammenfassung der topographischen Ergebnisse bilden fraglos die Ergebnisse der Lagerforschung in Óbuda, und zwar nicht nur deshalb, weil zwischen 1969 und 1999 gerade dieses Gebiet die meisten neuen Ergebnisse hervorgebracht hat, sondern, weil die Siedlungsentwicklung Aquincums (…) gravierend von strategischen Gesichtspunkten bestimmt wurde."[25]

Bis in die 1970er Jahre hinein erwiesen sich die Bemühungen, die Stelle des Legionslagers von Aquincum zu lokalisieren als erfolglos. „Einer der Gründe für diese Erfolglosigkeit war, daß man das Gebiet des Legionslagers im Gegensatz zur Zivilstadt das ganze Mittelalter hindurch bis in die Neuzeit ständig bebaute. (…) Wegen der zusammenhängenden neuzeitlichen Bebauung standen der früheren Forschung nur kleinere Gebiet[e] zur Verfügung."[26] Nun wurde aber innerhalb von 15 Jahren die Stelle des im zweiten und dritten Jahrhunderts bestehenden Legionslagers, seine Wehranlagen, sein Straßennetz und seine wichtigeren Bauten wie das Stabsgebäude (*principia*), die Unterkunft der *cohors I.*, Offizierswohnungen oder das Militärbad (*balineum*) bekannt. Im nördlichen Gebiet des Legionslagers konnten Spuren der Wehranlagen zweier größerer früher Militäranlagen dokumentiert werden, in denen unbekannte Militäreinheiten stationiert waren. „Eines der herausragenden Forschungsergebnisse der frühen Periode war die Lokalisierung des im Jahr 73 n.Chr. erbauten Lagers der *Ala I. Frontoniana Tungrorum* südlich des späteren Legionslagers bzw. die Bestimmung seiner Ausdehnung und einiger seiner wichtigeren Gebäude."[27]

Aus der spätrömischen Kaiserzeit stammt die Festung des vierten Jahrhunderts, deren Umrisse, ihre Wehranlagen und im geringerem Maße auch ihre Innengebäude bekannt sind, wobei dieses in den 20er und 30er Jahre des vierten Jahrhunderts neue errichtete mächtige Kastell den neuen Anforderungen der veränderten Verteidigungsstrategie entsprach. Dieses Kastell war gegen Ende der römischen Herrschaft Zufluchtsort der hier weiterlebenden Bevölkerung. Ende der 1960er und

---

[24] Vgl. Zsidi, Aquincum, S. 209.

[25] Ebd., S. 210.

[26] Ebd., S. 211.

[27] Ebd., S. 213.

zu Beginn der 1970er Jahre kamen die Forschungen in der Militärstadt und ihrem Bezirk erneut in Schwung, sodass nach 15 Jahren mit den durch die Grabungsarbeiten zum Vorschein gekommenen Denkmälern die Struktur der Militärstadt nachgezeichnet und die Rolle einzelner ihrer Regionen bestimmt werden konnten. Im Gebiet der Militärstadt, insbesondere in deren nordwestlicher und südöstlicher Region neben dem Amphitheater, nahm ab Beginn der 1990er Jahre eine neue Forschungswelle ihren Anfang, die mit neuen Informationen über das Straßennetz der Militärstadt sowie die Nutzung des Gebietes zu Wohn- und Bestattungszwecken in der späten Kaiserzeit dient.[28]

Das am Südrand der Militärstadt liegende Gebiet mit dem Amphitheater war für die provinzialrömische Archäologie bis dahin ein sog. weißer Fleck auf der Karte. Der Rechtsstatus dieses Gebietes hat sich in den Jahrhunderten der römischen Herrschaft sicherlich öfter geändert, worauf der Umstand deutet, dass aufgrund der neu freigelegten Denkmäler ein häufiger Wechsel in ihrer Funktion festzustellen war. „Seine Struktur zeigt die typische Form der ‚Gräberstraße', und die teilweise noch an ihrer ursprünglichen Stelle stehenden Grabsteine sind in erster Linie Militärpersonen gewidmet."[29] Außerdem verweisen Funde, die in das zweite Jahrhundert zu setzen sind, auf ein in der Nähe befindliches Heiligtum und seinen Bezirk, und Angaben aus dem Folgezeitraum des zweiten Jahrhunderts auf die Nutzung des Gebietes zu industriellen bzw. gewerblichen Zwecken deuten. Im vierten und fünften Jahrhundert diente dieses Gebiet schließlich als Begräbnisstätte, wobei unter den sporadisch angelegten Gräbern Angehörige verschiedener Völker, in erster Linie Soldaten, zu vermuten sind.

Die Forschungen erfolgten teilweise nach herkömmlichen Methoden mit sondierungsartigen Freilegungen, teilweise schon mit modernen archäometrischen Methoden, Luftaufnahmen und geophysikalischen Messungen. „Hier sei darauf verwiesen, daß diese beiden neuen Methoden zur Fundortentdeckung in städtischer Umgebung nur selten anwendbar sind. Im Falle von Luftaufnahmen erweist sich die spätere Bebauung als Hindernis, während bei geophysikalischen Messungen der

---

[28] Vgl. Zsidi, Aquincum,, S. 215ff.

[29] Ebd., S. 218.

‚Stadtlärm' als Störfaktor auftritt."[30] So konnte die Forschung an den Gräberfeldern von Aquincum vor allem bei der Freilegung der großen städtischen Gräberfelder bedeutende Fortschritte verzeichnen. Im westlichen sowie nördlichen Gräberfeld der Militärstadt kamen tausende von Gräbern zum Vorschein, wobei die neu gewonnen Angaben eine Benutzung der Gräberfelder von der Wende des ersten zum zweiten Jahrhundert bis zum Ende des vierten Jahrhunderts belegen. „Diese ausgedehnten, zusammenhängenden Gräberfeldteile eignen sich bereits für Analysen, in deren Ergebnis eine Rekonstruktion der Benutzung besagter Gräberfelder unter mannigfaltigen (chronologischen, sozialen, ethnischen) Aspekten möglich wird. (…) Ein Teil der im spätrömischen Zeitalter über den Gebäuden der Militärstadt angelegten Gräberfelder (…) wurde, wie die Forschungen der letzten Jahre bestätigt haben, nach der Römerzeit, durch das 5. und 6. Jh. [Jahrhundert], kontinuierlich weiterbenutzt."[31]

Auf der Grundlage der Vielzahl an neuen topograhischen und siedlungshistorischen Angaben müssen die bisherigen Publikationen nahezu völlig umgeschrieben werden, und als Ergebnis dieser Forschungen sind nun die Lokalisation sämtlicher topographischer Einheiten Aquincums und zum großen Teil auch ihr Planungsschema und die bauliche Entwicklung bekannt. Die Weiterentwicklung der archäologischen Methoden eröffnete Möglichkeiten zur Erforschung früherer Perioden, in erster Linie der Zeit der römischen Landnahme sowie des Fortwirkens keltischer Kultur, aber auch zur Neubewertung der Fragen zur spätrömischen Kaiserzeit sowie hinsichtlich der Kontinuität. Innerhalb weniger Jahre entstanden sog. Schichtzeichnungen, auf denen die Topographie von Aquincum in den einzelnen, die Siedlungsstruktur bestimmenden Perioden dargestellt wird. Diese Schichtzeichnungen zeigen die Auxiliarlager und *vici* des ersten Jahrhunderts am Limesabschnitt von Aquincum, den Zustand nach der Errichtung des ständigen Legionslagers um 90 n.Chr. mit dem frühen Legionslager sowie dem Alen- und dem Auxiliarkastell, die Zivil- und Militärstadt sowie das Legionslager des zweiten und dritten Jahrhunderts (das bekannteste Bild von Aquincum als Provinzhauptstadt) und

---

[30] Zsidi, Aquincum, S. 220.

[31] Zsidi, Aquincum, S. 220f.

schließlich das Bild der Stadt im vierten Jahrhundert mit der spätrömischen Festung sowie dem verkleinerten Gebiet der Zivilstadt.[32]

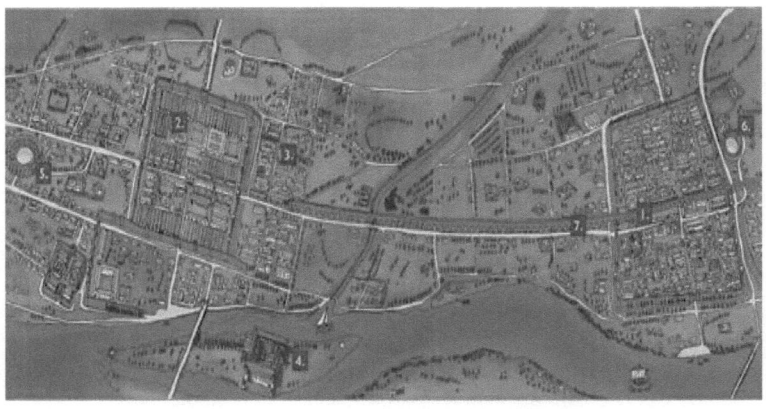

1 Roman city
2 Castrum
3 Military city
4 Governor residence

5 Military amphitheatre
6 Civil amphitheatre
7 Aqueduct

Abbildung 6: Lageplan von Aquincum[33]

Abschließend noch einige Gedanken zur Denkmalpflege:

Was kann der heutige Mensch von dieser freigelegten, zum Großteil jedoch unsichtbaren unterirdischen Welt eigentlich wahrnehmen?

Laut Zsidi sind noch niemals so viele Denkmäler der römerzeitlichen Stadt denkmalgerecht restauriert worden wie im Laufe der letzten drei Jahrzehnte. „Im vorangehenden Zeitraum hat man in erster Linie einzelne Denkmäler der Zivil- und Militärstadt bzw. des Legionslagers an der Oberfläche konserviert. Dagegen stand im untersuchten Zeitraum eher die Bewahrung der Überreste des Legionslagers im Vordergrund. Natürlich wuchs unterdessen auch in der Zivil- und Militärstadt die Zahl

---

[32] Vgl. Zsidi, Aquincum, S. 222.

[33] Siehe http://net-guide.hu/hu/budapest_obuda (Zugriff: 28.12.2013)

der vorgestellten Denkmäler, und im letzten Jahr wurde sogar eine aus Grabgärten bestehende Begräbnisstätte rekonstruiert."[34]

Verwendete Literatur

- Póczy, Klara: Aquincum – Das römische Budapest. Mainz am Rhein 2005.
- Szilágyi, János G.: RE Suppl. XI, 1968, Sp. 62-131, s.v. Aquincum.
- Zsidi, Paula: Aquincum. Ergebnisse der topographischen und siedlungshistorischen Forschungen in den Jahren 1969-1999. In: Šašel Kos Marjeta / Scherrer Peter (Hgg.), The autonomous Towns of Noricum and Pannonia / Die autonomen Städte in Noricum und Pannonien. Pannonia II (=Situla, 42). Ljubljana 2004, S. 209-230.
- Wikipedia (http://it.wikipedia.org/wiki/Aquincum)
- Wikipedia (http://de.wikipedia.org/wiki/Aquincum)
- Wikipedia (http://de.wikipedia.org/wiki/Römische_Militärlager#Legionslager)
- http://net-guide.hu/hu/budapest_obuda

---

[34] Zsidi, Aquincum, S. 222.

Auswahlbibliographie

- Ertl, Ch.: Zur Rekonstruktion der porta praetoria des Legionslagers Aquincum. In: Gudea N. (Hg.), Roman Frontier Studies (Proceedings of the XVIIth International Congress of Roman Frontier Studies, 1997). Zalaü 1999, S. 397-403.

- Fitz, J. (Hg.): Der römische Limes in Ungarn. Székesfehérvár 1976.

- Gabler, D.: Munera Pannonica, in: *Arch. Ért.* 93 (1966), S. 20-35.

- Gabler, D.: Early Roman occupation in the Pannonien Danube Bend. In: Groenman-Van Wateringe W. (Hg.), Roman Frontier Studies (Proceedings of the XVIth International Congress of Roman Frontier Studies, 1995). Oxford 1997, S. 85-92.

- Kérdö, K. H.: Der Statthalterpalast von Aquincum. In: Scherrer P. (Hg.) (2008), S. 285-306.

- Kocsis, L.: Die Südostecke des Legionslagers von Aquincum aus dem 2.-3. Jahrhundert und der daran angrenzende Mauerabschnitt der spätrömischen Festung (Bericht), in: *Bud. Rég.* 34 (2001), S. 71-78.

- Kovács, P.: The Pannonien canabae in the 3rd century, in: *Laverna* 12 (2001), S. 42-46.

- Lórincz, B.: Die römischen Hilfstruppen in Pannonien während der Prinzipatszeit. Die Inschriften (=Wiener Archäologische Studien, 3). Wien 2001.

- Mócsy, A.: Attributio in Aquincum and the municipal decuriones, in: *Arch. Ért.* 78 (1951), S. 107-110.

- Mócsy, A.: Das Problem der militärischen Territorien im Donauraum, in: *Acta Ant. Hung.* 20 (1972), S. 168-199.

- Mócsy, A.: Das Territorium Legionis und die Canabae in Pannonia, in: *Acta Arch. Hung.* 3 (1953), S. 179-199.

- Németh, M.: Forschungen in Alenkastell von Aquincum. In: Vetters H. (Hg.), Akten des 14. Internationalen Limeskongresses 1986 in Carnuntum. Bd. 1 (=RLÖ, 36). Wien 1990, S. 675-681.

- Németh, M.: Stand der Forschungen in den Militärlagern von Aquincum, in: *Carnuntum Jahrbuch* (1991/92), S. 81-87.

- Németh, M.: Roman Military Camps in Aquincum. In: Atti del convegno internationale „La Pannonia e l' Imperio Romano". Accademia d' Ungheria e l' Istituto Austriaco di Cultura. Rom 1994, S. 139-152.

- Németh, M.: Wohnhaus und öffentliches Gebäude – Beiträge zur Topographie des Statthaltersitzes von Aquincum. In: Scherrer P. (Hg.) (2008), S. 307-321.

- Póczy, K.: The investigation of the Aquincum Legionary Camp and the restoration of its Ruins, in: *Bud. Rég.* 24 (1976), S. 12-26.

- Póczy, K.: Zur Baugeschichte des Legionslagers von Aquincum zwischen 260-320. In: Vetters H. (Hg.), Akten des 14. Internationalen Limeskongresses 1986 in Carnuntum. Bd. 1 (=RLÖ, 36). Wien 1990, S. 689-702.

- Póczy, K.: Die Militärstadt von Aquincum im 2. und 3. Jahrhundert. In: Unz Ch. (Hg.), Studien zu den Militärgrenzen Roms III (Vorträge des 13. Internationalen Limeskongresses, Aalen 1983) (=Forschungen und Berichte zur Ur- und Frühgeschichte in Baden-Württemberg, 20). Stuttgart 1986, S. 404-408.

- Póczy, K.: Aquincum – castra, canabae, colonia, in: *Bud. Rég.* 25 (1984), S. 15-34.

- Póczy, K.: Aquincum – Das römische Budapest. Mainz am Rhein 2005.

- Szilágyi, J. G.: RE Suppl. XI, 1968, Sp. 62-131, s.v. Aquincum.

- Szirmai, K.: Barrack – blocks in the praetentura of the legionary fortress in Aquincum (1987-1988), in: *Bud. Rég.* 31 (1997), S. 273-280.

- Szirmai, K.: Plans and Facts concerning the Barrack-blocks of the Aquincum Legionary Fortress. In: Németh (Hg.), The Roman Town in the Modern City (Proceedings of the International Colloquium held on the occasion of the 100th Anniversary of the Aquincum Museum, Budapest 1994). Aquincum Nostrum II. Budapest 1998, S. 235-238.

- Szirmai, K.: Zur Chronologie der Auxiliarkastelle und des Legionslagers des 2.-3. Jahrhunderts in Aquincum. In: Vetters H. (Hg.), Akten des 14. Internationalen Limeskongresses 1986 in Carnuntum. Bd. 1 (=RLÖ, 36). Wien 1990, S. 683-688.

- Szirmai, K.: A peristyle house in the northern part of the Canabae in Aquincum. In: Scherrer P. (Hg.) (2008), S. 323-331.

- Scherrer, P. (Hg.): Domus. Das Haus in den Städten der römischen Donauprovinzen (=Österreichisches Archäologisches Institut, Sonderschriften Bd. 44). Wien 2008.

- Šašel Kos, M. / Scherrer, P. (Hgg.): The autonomous Towns of Noricum and Pannonia / Die autonomen Städte in Noricum und Pannonien. Pannonia II (=Situla, 42). Ljubljana 2004.

- Visy, Zs. (Hg.): The Roman army in Pannonia. An archaeological guide of the Ripa Pannonica. Pécs 2003.

- Zsidi, P.: Untersuchungen des Gräberfeldes der Militärstadt von Aquincum. In: Vetters H. (Hg.), Akten des 14. Internationalen Limeskongresses 1986 in Carnuntum. Bd. 2 (=RLÖ, 36). Wien 1990, S. 723-730.

- Zsidi, P.: Aquincum. Ergebnisse der topographischen und siedlungshistorischen Forschungen in den Jahren 1969-1999. In: Šašel Kos M. / Scherrer P. (Hgg.) (2004), S. 209-230.

Abkürzungen:

- Acta Arch Hung = Acta Archaeologica Hungarica
- Acta Ant Hung = Acta Antiqua Hungarica
- Arch Ért = Archaeològiai Értesitö (Archäologische Mitteilungen)
- Bud Rég = Budapest Régiségei (Altertümer von Budapest)
- RE = Paulys Realencyclopädie der classischen Altertumswissenschaft
- RLÖ = Der Römische Limes in Österreich